A LA MÉMOIRE

DE

M. L'ABBÉ J.-B. BOËDA

BON & HUMBLE CURÉ DE FERCÉ

TÉMOIGNAGE DE RECONNAISSANCE

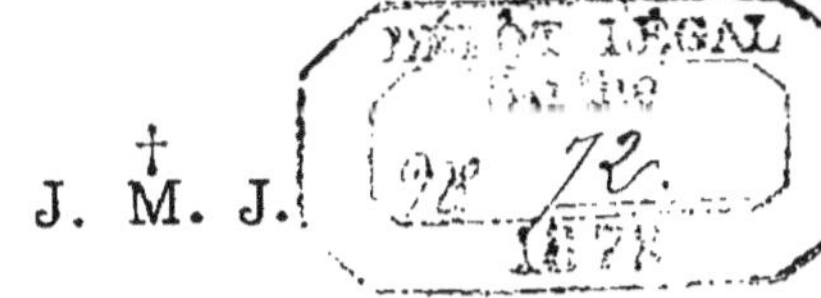

LE MANS

LEGUICHEUX-GALLIENNE, LIBRAIRE-ÉDITEUR

15, RUE MARCHANDE, ET RUE BOURGEOISE, 16

—

1878

☩
J. M. J.

Neminem habeo tam unanimem, qui
sincerâ affectione pro vobis solli-
citus sit.   (Ad Philip. ii. 20.)

Je n'ai personne qui soit plus que
lui uni avec moi d'esprit et de
cœur, ni qui se porte plus sincère-
ment à prendre soin de ce qui
vous touche.

Bien chers fidèles de Fercé,

Vous pourriez peut-être accuser notre conduite de témérité, parce que nous venons vous proposer des enseignements sans en avoir le droit. Mais ne craignez rien, ce ne sont point des enseignements que nous venons vous donner ; lorsqu'un frère s'adresse à son frère, pour pleurer avec lui et le consoler, on ne dira pas qu'il vient lui faire une leçon de morale : non, il lui parle avec affection et tendresse, avec toute la conviction et la sincérité que peut dicter l'amour fraternel et s'il peut de la tristesse qui l'accable, lui faire tirer profit pour son bonheur, alors il sera content. Ainsi de nous, élevés sous vos yeux, membres privilégiés de la famille, dont notre bon curé était le père, nous nous sentons le devoir de vous faire profiter du coup terrible, que Dieu vient de frapper au milieu de nous ; mais c'est avec l'affection d'un frère, que nous venons vous faire connaître la vie de M. l'abbé Boëda, notre cher pasteur, pour vous faire estimer, comme elle le mérite, la mémoire de ce bon et humble curé.

C'est là notre but. Nous venons de perdre un saint curé, un bon père qui nous laisse un grand exemple : c'est une occasion de nous rapprocher du bon Dieu ; profitons-en. Nous avons d'ailleurs la certitude de trouver auprès de vous un accueil sympathique ; nous vous avons vu pleurer autour de ses dépouilles vénérées, c'est pour nous un gage suffisant de votre bienveillance ; vous avez été affligés de sa perte ; votre cœur avide de consolation, écoutera avec empresse-ment les enseignements que nous laisse un père mourant.

Il n'est certes point de spectacle qui touche plus vos cœurs que celui d'un enfant près de son père agonisant, écoutant avec attention ses dernières paroles, beaucoup d'entre vous ont éprouvé déjà les angoisses de ce douloureux moment ; rappelez-vous combien ces dernières paroles sont restées gravées profondément dans votre cœur ; elles y demeureront à jamais et si ce bien-aimé père vous a manifesté quelque désir, avec quel empressement n'avez-vous pas accompli ses dernières volontés !

Eh bien ! vous le savez, notre regretté curé était certainement un père pour nous tous, il considérait sa paroisse comme sa chère famille. Eh ! peut-il y avoir pour un serviteur de Dieu, une famille plus chère que celle que le Seigneur lui confie ? Non vous n'en doutez point, et d'ailleurs nous pourrions joindre à notre faible témoignage celui d'une foule de personnes, qui l'ont connu plus particulièrement. Mais s'il était notre père, il nous a laissé à tous, par l'exemple des vertus qu'il a pratiquées, ses dernières volontés, respectons-les, comme nous respecterions celles de notre père selon la chair, et n'oublions jamais les conseils paternels, qu'il nous a donnés, pendant son séjour au milieu de nous.

Il est une vérité pourtant bien évidente, mais dont nous craignons de nous rendre compte, c'est que notre pauvre cœur s'attache trop aux choses de la terre. Vous savez tous, que nous avons beau chercher le bonheur ici-bas, dans les plaisirs, dans les richesses, nous ne le trouvons jamais ; nous avons beau amasser pour jouir plus commodément de la vie ; après beaucoup de peines et de travaux il est bien douteux que nous puissions arriver à notre but. D'ailleurs si nous pouvons l'atteindre ce sera au déclin de l'âge, et à peine aurons-nous entrevu la petite fortune, qui devait faire notre bonheur, la mort viendra nous surprendre ; adieu richesses ! à quoi auront servi tant de fatigues ; à quoi servira cette fortune acquise à si grand'peine ? A nous donner des regrets, au moment de la mort, avant d'avoir pu profiter de nos labeurs. Si cependant la mort nous laisse le temps d'en jouir, les maladies, les infirmités, la perte de quelqu'un de nos proches, viendra semer l'amertume et la douleur, là où il devait y avoir bonheur complet. Ceux-là mêmes qui semblent les plus heureux sur la terre sont souvent les plus affligés, sans que nous nous en doutions, et cependant toujours nous désirons être heureux, il est dans notre nature de chercher le bonheur. C'est une preuve que nous ne sommes point faits pour finir au tombeau, non il y a quelque chose de l'autre côté ; Dieu est toujours le bon Dieu, c'est le plus tendre des pères, il nous fait gagner le ciel par plus de peines, pour avoir le plaisir de nous récompenser davantage ; mais si tout devait finir au tombeau, nous aurions le droit de le maudire, pour nous avoir donné un cœur avide d'un bonheur que nous cher-

cherions toujours inutilement. En un mot, il ne serait plus Dieu, car il nous aurait trompés. Il faut donc nécessairement que nous trouvions, après la mort, une vie où Dieu nous récompense, puisqu'il ne nous récompense jamais parfaitement en cette vie. Mais il est libre d'y mettre des conditions, c'est d'observer sa loi.

Malheur à celui qui goûterait le bonheur complet sur cette terre ; si toutefois cet homme peut se rencontrer ; car il pourrait dire je suis dans une mauvaise voie, si je goûte le bonheur ici-bas, c'est signe que je ne mérite pas le posséder dans la vie éternelle. Il n'est point d'homme, en effet, si mauvais qu'il soit, qui ne fasse quelque bien pendant sa vie ; le bon Dieu ne peut laisser ce peu de bien sans récompense, voilà pourquoi il lui accorde le bonheur en ce monde ; mais pour n'avoir pas observé ses commandements et ceux de son Eglise il sera puni éternellement dans l'autre vie.

Ne travaillons point dans le but d'acquérir des richesses et de jouir du bonheur terrestre, mais embrassons les peines et les fatigues, parce que Dieu le veut et que c'est le moyen de mériter le bonheur éternel. Voilà l'enseignement que nous devons tirer de l'exemple que nous laisse notre saint curé. Il a pendant vingt-cinq ans exercé son ministère avec une exactitude, un zèle que vous avez pu remarquer. Mais peut être direz-vous, il n'a fait en cela que son devoir puisque le bon Dieu le lui commandait ; c'est vrai, il a d'abord accompli son devoir par amour pour Dieu, il le devait, mais il a fait plus, il l'a aussi accompli par amour pour nous tous ; comme nous l'avons déjà dit, il nous aimait comme des enfants ; en un mot il a été charitable à l'égard de tous. Voilà le caractère qui doit nous l'attacher plus étroitement. Mais s'il a accompli son ministère avec tant de zèle, s'il a montré tant de charité à l'égard de ses paroissiens, n'allez pas croire qu'il le faisait, comme il nous arrive trop souvent, pour un but terrestre et sensible, c'est-à-dire la vaine renommée et l'estime des hommes ; non, ces œuvres, qui sont les nôtres, recoivent leur récompense dans la renommée que nous chérchons et ne valent rien pour le ciel ; mais le bon curé ne voyait en cela que la volonté de son Dieu qu'il savait assez bon pour le récompenser là-haut, qu'il réussît ou non dans ses projets : il avait fait la volonté de son divin Maître, c'était suffisant pour lui ; voilà pourquoi toutes ses œuvres sont restées ignorées. Il a suivi ce précepte du saint Evangile : « Lorsque vous faites quelque bonne œuvre, que votre main gauche ignore ce que fait votre main droite. » Il savait ses œuvres connues du bon Dieu, il ne fallait rien de plus, quant aux hommes il prenait soin de les leur laisser ignorer. Aussi on peut dire que s'il a brillé, ç'a été en cherchant à ne point briller, c'est-à-dire par son humilité. Voilà le caractère que nous devons surtout imiter, faisons nos œuvres sous l'œil du bon Dieu, parce que c'est pour lui que nous les faisons, ne recherchons point la vaine gloire et les vaines satisfactions de la terre ; cherchons à plaire à Dieu seul, parce que seul il est capable de satisfaire, dans son saint paradis, notre soif insatiable de bonheur, par un bonheur sans fin.

Ainsi notre bon curé, a été un prêtre zélé, un pasteur charitable, un serviteur de Dieu doux et humble de cœur.

Qu'il se soit montré zélé, c'est un fait dont vous avez tous été témoins. A peine arrivé au milieu de vous, on vit paraître en lui le zèle qui le dévorait pour la maison de Dieu, c'est-à-dire le temple matériel, où ce divin Maître vint habiter et résider toujours au milieu de nous. Oui, il avait compris combien était ardent pour nous cet amour du bon Dieu, qui se laisse enchaîner là, dans son tabernacle, prêt à nous secourir ; eh! si ce Dieu a montré tant d'amour pour nous, n'est-il pas juste que nous en montrions un peu pour lui! Si nous nous sentons aimé de quelqu'un de nos semblables, notre cœur est naturellement porté à lui rendre amour pour amour, ou alors, vous le dites vous-même, c'est un ingrat. N'y a-t-il donc que le bon Dieu qui nous aimera tant, sans que nous l'aimions nous-mêmes ? c'est sans doute parce qu'il est si grand et qu'il pourrait si bien se passer de nous que nous n'aurons point pour lui de reconnaissance. Oh ! non, c'est là une ingratitude que nous ne pouvons supporter. Voilà pourquoi notre bon curé s'est efforcé, dans la mesure de ses pouvoirs d'embellir et d'enrichir ce temple matériel. Pour trouver les ressources nécessaires, il ouvrit une souscription et sut par son affabilité gagner les cœurs et obtenir le plus généreux concours. C'est à ce zèle que nous devons les réparations qui ont été faites à notre chère église depuis vingt-cinq ans, et cette jolie sonnerie de cloches, qui faisait les délices du bon curé et fait encore aujourd'hui l'admiration des étrangers. Cependant vous savez que pour trouver quelques ressources, au milieu de notre petite paroisse, il faut de la persévérance et du zèle. Il l'avait, le bon curé, ce zèle qui ne recule devant aucun sacrifice et ne se laisse conduire que par l'amour de Dieu.

Mais ce serait peu de restaurer l'édifice matériel si pour cela on négligeait l'édifice spirituel, car la maison du bon Dieu est non-seulement ce temple construit par la main des hommes, il est un autre temple que le bon Dieu se construit lui-même, ce sont nos âmes créées à son image. C'est ce temple que Dieu aime par-dessus tout, c'est celui-là où il désire surtout habiter. Si le bon Dieu aime tant ce temple, le prêtre aussi doit l'aimer, parce qu'il est Jésus-Christ continué sur la terre. Voilà la principale partie qui doit occuper une vie sacerdotale, le ministère des âmes. Il les a aimées ces âmes, de toute la tendresse de son cœur, et comme il les aimait, il avait pour elles la plus tendre sollicitude. Il suffit pour s'en convaincre de voir comment il a su conserver la foi, pans la paroisse, malgré les mauvais temps que nous traversions, et remarquez que nous disons conserver et non pas augmenter, car c'est béaucoup de la conserver au milieu de cette paroisse ; il ne faut pas, en effet, nous le dissimuler, elle n'est pas très-ardente dans nos cœurs cette foi, nous avons peur de nous montrer chrétiens et d'en accomplir les devoirs. Pour réveiller plus sûrement l'esprit religieux assoupi, M. Boëda appela à Fercé un missionnaire, dont les efforts obtinrent les plus heureux résultats. Mais une fois la bonne semence de la parole divine déposée dans les âmes, restait à notre bon curé le soin de la faire fructifier. Il ne se dissimula point la difficulté d'y parvenir ; aussi pour arriver plus sûrement, il résolut de se faire aider. Le moyen le plus sûr d'implanter la foi dans les cœurs, c'est de l'y déposer pendant qu'ils sont encore jeunes. Dans cette intention M. Boëda fit venir des Religieuses pour se charger de l'éducation des enfants en déposant dans leurs jeunes cœurs les premières notions des vérités chrétiennes.

Inutile de vous montrer combien vous devez à ces humbles servantes de Dieu pour l'instruction et l'éducation chrétienne de vos enfants ; nous savons que tous vous aimez à le reconnaître, eh bien ! reconnaissez aussi, que c'est au zèle et à la générosité de notre bon curé, que Fercé doit d'avoir joui avant toutes les petites paroisses de la contrée d'un établissement si précieux.

Après avoir ainsi réparé l'église, renouvelé la paroisse et confié l'école à des maîtresses capables de la diriger, Monsieur le curé consacra tous ses efforts à instruire et à édifier son peuple. Quant à ce qui est du soin qu'il mit à diriger sa chère paroisse, nous ne saurions entrer dans des détails, qui se multiplieraient à l'infi i. Ceux qui l'ont voulu, ont pu se rendre compte du désir ardent qu'il avait de nous amener tous à aimer le bon Dieu et à pratiquer ses commandements. Malheur à ceux qui n'ont pas voulu l'écouter ; le bon curé y a dépensé sa vie, avec une charité et une tendresse vraiment paternelles ; il aura reçu sa récompense là-haut, ceux qui n'ont pas voulu l'écouter auront à rendre compte du mépris qu'ils ont fait de son zèle et de son dévouement. Si quelqu'un de nos égaux fait quelque petit sacrifice pour nous, nous savons aussitôt l'en remercier ; tous vous avez été témoins de l'amour avec lequel il nous instruisait ; donc tous nous devons reconnaître les sacrifices qu'il a faits, sous peine de mériter la note d'ingratitude ; mais nous ne pouvons le reconnaître qu'en suivant les conseils qu'il nous a donnés.

Vous aurez beau dire : il faisait son métier, nous l'avons payé lorsqu'il nous a rendu quelque service ; non, encore une fois non, on n'exerce point un métier avec l'affection et la charité qu'il y mettait, celui qui fait son métier travaille d'abord par amour pour lui-même, en un mot pour gagner de l'argent ; mais notre bon curé travaillait d'abord par amour pour nous et non pour lui ; l'amour qu'il nous portait était le mobile de ses actions et parce qu'il nous aimait, il désirait notre bonheur dans l'autre vie, voilà le seul salaire qu'il demandait. Un père qui travaille pour faire le bonheur de son fils, travaille-t-il pour faire son métier, pour gagner de l'argent. non, bien sûr non, il travaille parce qu'il aime son enfant ; la joie de voir arriver son fils à son but est la seule récompense qu'il demande, voilà pourquoi notre bon curé embrassait si généreusement les peines et les fatigues. Vous aurez peut-être peine à comprendre cette charité, parce que malheureusement vous n'avez point assez l'amour de Dieu, il n'y a que cet amour qui puisse la donner cette charité ; mais aussi lorsqu'on aime le bon Dieu, facilement on aime ceux qui lui sont chers, c'est-à-dire nous tous, ses enfants rachetés au prix de tout son sang. Maintenant si ce père n'a rien pour se soutenir avec un extérieur en rapport avec sa position, ce fils, s'il possède quelque chose, dédaignera-t-il de l'aider et même de lui fournir les ressources qui lui sont nécessaires ? Non, ou bien alors il est un monstre d'ingratitude. Eh bien ! vous le savez, un prêtre à la tête d'une paroisse est au-dessus de toutes les positions, peut-il aller mendier son pain et vivre dans l'indigence ; non, ce serait là un désordre que vous ne sauriez vous-mêmes supporter. Ces rétributions que vous donnez à un curé devraient donc être le fruit de vos dons et non le salaire dû à l'exercice de son ministère. Mais c'est encore de l'affaiblissement de la foi chez les fidèles, qu'est venue la nécessité d'imposer aux paroissiens l'obligation de payer certaines sommes, suivant le ministère qu'ils réclament de leur pasteur.

Vous voyez comment le sacerdoce est une vocation divine et non un servile métier, que l'on embrasse pour gagner sa vie ; on l'embrasse pour gagner des âmes, parce que le bon Dieu a aimé ces âmes jusqu'à mourir pour les racheter ; le prêtre se dévoue tout entier pour les sauver, il y dépense sa vie et si on lui refusait les biens terrestres les plus nécessaires, croyez-vous qu'il abandonnerait pour cela son ministère ? Oh ! quand il faudrait y perdre la vie, le prêtre resterait à son poste.

D'ailleurs à quoi servent ces biens dont un curé peut disposer ? Vous l'avez vu de vos propres yeux, c'est encore à procurer le bonheur de ses paroissiens ; c'est à soulager secrètement quelque misère qui n'ose se montrer, mais que son cœur de père a su découvrir.

Voilà le bel exemple que le bon curé nous laisse à imiter. Travaillons, parce que dans quelque position que nous nous trouvions, Dieu nous le commande, mais ne faisons que ce qu'il permet, tout en nous inquiétant plus de faire sa sainte volonté que d'acquérir de la fortune ; si vous pouvez l'acquérir remerciez-en la divine Providence, si vous ne le pouvez, dites : Mon Dieu, j'ai fait votre sainte volonté, vous me récompenserez tout comme si j'avais réussi. C'est là surtout le moyen d'être heureux à ses derniers moments où il ne peut rester que la satisfaction d'avoir fait son devoir. Voilà comment on peut vivre dans une paix parfaite, sans ces chagrins qui ruinent à la fois et le corps et l'âme. Avez-vous quelquefois vu cette tristesse empreinte sur le visage de notre bon curé ? Non, direz-vous, et savez-vous quelle en était la raison ? c'était précisément cette satisfaction qui guérit de tout mal : avoir fait son devoir.

Cette conformité à la volonté du bon Dieu, chez notre bon curé apparaissait surtout dans sa vie privée. Il était d'une exactitude édifiante pour la célébration des saints mystères, le saint office, l'oraison et les autres exercices de piété, qu'il mettait au-dessus de tout. Depuis son entrée dans le saint ministère, il avait conservé toute la régularité de la vie du Séminaire et nous, qui avons eu le bonheur de vivre longtemps près de lui, pouvons assurer qu'il accomplissait encore tous les exercices qui se pratiquent aujourd'hui au séminaire, sans avoir changé d'une minute l'heure qui est encore aujourd'hui indiquée dans le règlement, pour chaque exercice de la journée. Les jours où il avait du monde à dîner, ceux qui le connaissaient ont pu remarquer qu'il disparaissait presque toujours quelques instants avant le dîner, pour vaquer à l'exercice de l'examen particulier. C'est là chez un vieillard, une vertu bien remarquable, qui fait voir combien il tenait à suivre la sainte volonté du bon Dieu, dans toutes les formes qu'elle prenait, pour se manifester à lui. D'un autre côté, fidèle au règlement qu'il s'était imposé, il savait ménager son temps et au besoin prendre congé de la société, pour vaquer à ses occupations aux heures fixées. Il était tellement éloigné de cet égoïsme, qui nous fait accorder à notre corps toute espèce de satisfactions sensibles, que sur la fin de sa vie, loin de se reposer sur son âge et sa longue pratique du saint ministère, il travaillait presque tout le jour. C'est encore une de ses vertus qu'il a su tenir cachées, mais nous en avons nous-mêmes comme preuve un très-grand nombre d'instructions écrites de sa main, pendant les dernières années de sa vie.

Cependant, si notre bon curé avait la sublime vertu de charité qui attache la volonté d'une créature à celle du Créateur, au point de vouloir et de ne vouloir pas, selon que Dieu lui-même veut ou ne veut pas, il avait aussi cette charité, conséquence de la première, qui attache aux créatures régénérées dans le sang du Rédempteur : il a été charitable à l'égard de tous ses paroissiens.

Nous montrerons d'abord comment notre regretté pasteur a été charitable à l'égard de tous, puis nous ferons passer devant vos yeux tous ces faits, qui font voir en lui une charité au delà de toute limite.

Sa charité apparaissait d'abord dans ses rapports quotidiens avec nous tous. Qui de vous n'a remarqué, combien son hospitalité était cordiale et gracieuse. Il n'est personne parmi vous, qui ne soit allé plusieurs fois lui rendre visite au presbytère; peut-être même avez-vous reçu sa visite au milieu de vos familles. Examinez un peu et rappelez vos souvenirs, vous verrez que jamais vous ne l'avez quitté sans vous sentir pénétrés de respect et d'affection, vous étiez frappés de son affabilité, de son caractère de simplicité et de bonhomie, jointes cependant à une expression de dignité qui remplissait de vénération. S'il sortait de chez lui et passait au milieu de vous, vous avez pu voir combien il était bienveillant à l'égard de tous : s'il rencontrait quelqu'un de ses paroissiens, presque toujours il saluait le premier et entamait une conversation pleine d'amabilité, où il savait toujours intéresser son interlocuteur et la plupart du temps finir par une réflexion pieuse, propre à rapprocher du bon Dieu. Enfin s'il connaissait quelques discordes, tous ses efforts tendaient à rétablir la paix, là où il pouvait y avoir animosité ou malveillance; toujours en conversation, il soutenait l'absent et ne pouvait jamais entendre dire du mal de qui que ce soit. Malheur à celui qui aurait osé médire de quelqu'un de ses paroissiens ou le calomnier, car alors il lui fermait la bouche assez brusquement, ce n'était plus alors le bon curé plein de bonhomie, il devenait sévère et prenait un ton qui ne demandait pas de réplique. Si quelqu'un de ses plus intimes, offensé ou lésé en quelque façon allait près de lui se plaindre et se répandre en invectives contre le coupable, il s'en tirait par un expédient plus en rapport avec sa douceur et sa simplicité; il se mettait à chanter une réminiscence de je ne sais quel cantique :

  « Quelle nouvelle et sainte ardeur »
  « Nous enflamme (etc.) »

Et remarquez que nous citons ici le témoignage de plusieurs personnes, qui comme nous, ont pris part à la vie intime du bon curé; pour notre part nous pouvons assurer avoir été plusieurs fois témoins de circonstances semblables. Que de fois ces traits se sont reproduits sans avoir été remarqués !

Par affabilité et bienveillance, il avait toujours peur de blesser ou d'incommoder en quelque façon et nous pouvons presque dire qu'il est mort victime de cette condescendance, qui lui faisait toujours craindre de déranger ses amis les plus dévoués. Pendant sa maladie, il ne pouvait les voir s'apitoyer sur ses souffrances, ou même rester dans sa chambre pour le veiller. Nous tenons de la bouche de ceux qui le soignaient les faits que nous allons citer : On entendait des appartements les plus reculés du presbytère, les cris que lui arrachaient parfois ses souffrances; aussitôt on montait dans sa chambre, on s'empressait pour l'entourer de soins, mais le bon curé, nous dirions presque d'un air souriant, répondait qu'il n'avait rien, qu'il ne comprenait pas la raison de tant d'empressement et faisait sortir tout le monde. Enfin moins de trois heures avant sa mort, d'un ton plein d'autorité, il faisait encore sortir de sa chambre tous ceux qui s'y pressaient pour lui prodiguer leurs soins. Cependant, il a été non-seulement aimable et bienveillant pendant toute sa vie, mais il a poussé le dévouement jusqu'à ses dernières limites. Car, sachez que pour juger la vertu d'un homme, il faut surtout considérer la persévérance que l'on a mise à la pratiquer, or, la vie de notre bon curé a été un dévouement continuel.

S'il nous était permis d'aller interroger tous ceux que le bon Dieu a moins favorisés du côté de la fortune, que de réponses viendraient mettre au grand jour la charité du bon curé, mais surtout si nous examinons plus attentivement, si nous considérons ces dons qui sont venus soulager de pauvres familles, des misères cachées et connues seulement de la tendresse de son cœur, nous sortirons de cet examen bien pénétrés de vénération à l'égard de sa charité. Il est cependant encore douteux que nous en eussions une juste idée, car il faudrait pour cela avoir pu être, pendant longtemps, témoin de sa vie intime, car son humilité mettait toujours obstacle à ce qu'on pût le connaitre tel qu'il était. Parmi les pauvres, il en est beaucoup, qui ont reçu l'aumône de la main de personnes incapables de la faire en leur propre nom; pendant la vie du bon curé, ces personnes ont tu le nom du bienfaiteur, mais aujourd'hui nous avons leur témoignage et nous sommes heureux de le dire, le véritable auteur de ces aumônes étaient le bon curé, c'est lui qui chargeait quelque personne discrète d'aller consoler les misères et porter la paix dans les familles affligées. Mais jamais il ne chargeait personne de remplir cette mission, sans lui commander de taire son nom.

Oh ! qu'il est beau de considérer notre bon curé plein d'une sollicitude paternelle à l'égard de ses paroissiens, cherchant toujours à découvrir ceux qui tombaient dans l'indigence. S'il en découvrait quelqu'un, oh ! alors, son cœur touché ne lui permettait plus de retard, il allait chercher quelquefois le peu d'argent qui lui restait et le cœur content il chargeait l'un de ses intermédiaires d'aller le porter à la famille désignée, mais ce qu'il y a de plus remarquable encore, c'est que rarement il consentait à remplir lui-même ce ministère, dans la crainte d'être connu, il aimait mieux faire porter son aumône et rester ignoré.

Enfin, si nous ne pouvons taire le zèle avec lequel jusqu'à la fin de sa vie, il sut au milieu de ses occupations former des élèves pour le Séminaire, nous ne pouvons non plus passer sous silence la généreuse charité avec laquelle il les aidait de ses propres ressources.

Si vous ne l'aviez vu de vos propres yeux, auriez-vous pu croire que les faibles ressources du bon curé de Fercé pouvaient suffire à tant de dépenses ? pour nous qui cependant avons connu assez intimement Monsieur le Curé, jamais nous n'aurions pu le supposer, nous vous le disons avec une entière conviction, c'est à peine, si, d'après ce que nous connaissions, nous aurions pu le croire capable d'accomplir les seules œuvres de charité que nous avons énumérées. Aussi quel n'a pas été notre étonnement plein d'admiration, lorsque nous avons appris que malgré cela, le bon curé avait trouvé moyen de conserver plusieurs mille francs, pour la construction d'une chapelle, que sa tendre dévotion à la sainte Vierge et son ardente sollicitude pour ses paroissiens, lui avaient fait promettre à la Mère de Dieu. Cependant nous tenons de la bouche la plus autorisée à le déclarer, que cette somme était le seul fruit de ses économies et bien plus encore de ses privations. Car, on aura beau dire, jamais on ne pourra nous montrer que le bien-aimé curé a pu, avec les modiques revenus de la paroisse, se procurer ces ressources, sans s'imposer toute espèce de privations.

Oh ! qu'il faut avoir le cœur endurci pour ne pas s'attendrir, en voyant cet humble curé pousser si loin l'amour de ses paroissiens ! car, il n'est plus possible de le contester, c'est bien son ardente charité qui l'a porté à se dévouer ainsi pour nous; le simple récit du fait suffit à le prouver : Monsieur le Curé voyait l'invasion prussienne menaçante pour Fercé comme pour les communes voisines; il savait les dommages que cause toujours le séjour d'un ennemi dans un pays étranger, où il se croit maître de tout et s'empare de tout ce qui lui convient, souvent malgré les conditions établies. Il fit alors cet humble vœu à Notre-Dame de Pontmain : Si vous nous délivrez des Prussiens, je fais bâtir en votre honneur une chapelle dans ma paroisse. Vous pouvez vous-mêmes juger si son vœu a été exaucé. Vous n'allez pas crier au miracle, ni nous non plus, mais nous croyons à une intervention directe de la sainte Vierge. Pourquoi les ennemis logés au presbytère, se sont-ils toujours montrés si respectueux à l'égard du digne pasteur, malgré le ton d'autorité et la contenance sévère qu'il a toujours conservés en leur présence; ils étaient les maîtres, ils avaient pour eux la supériorité de la force, cependant ils ont cédé à ses volontés; le bon curé en a lui-même plusieurs fois manifesté son étonnement. Enfin, pourquoi une fois établis à Fercé pour le temps de l'armistice, sont-ils partis au bout de sept jours, pour laisser Fercé seul inoccupé, au milieu de toutes les communes qni en étaient surchargées ? Vous ne sauriez en donner la raison, ni nous non plus; cependant le fait existe. Si d'ailleurs nous rassemblons nos souvenirs, nous pourrons remarquer que le bon curé s'est montré le plus empressé, lors du départ des ennemis que nous étions obligés de loger ; cependant, vous savez tous que d'ordinaire Monsieur le Curé se mêlait peu aux affaires civiles de la commune ; c'est bien là une preuve qu'il y était particulièrement intéressé, c'est qu'il se sentait exaucé.

Lorsque nous pourrons aller nous agenouiller dans ce sanctuaire et y prier la sainte Vierge, qu'il nous sera doux de penser à ce bien-aimé pasteur et père, à qui nous la devrons tout entière ! Elle nous sera d'autant plus chère que nous saurons qu'elle a plus coûté de privations à notre regretté curé. Elle restera là, au milieu de la paroisse, comme la marque ineffaçable de sa charité et de son dévouement. Hélas ! si un ami ordinaire se fût imposé pour nous, la moitié des mêmes privations ; combien nous serions reconnaissants ! combien nous serions empressés à lui offrir nos remerciements ! eh bien ! parce que c'est un bon curé qui l'a fait, celui qui était pour nous bien plus qu'un simple ami, c'est-à-dire un pasteur et un véritable père par la tendresse et l'amour, se pourrait-il faire que nous ne fussions pas empressés à lui témoigner notre reconnaissance ! Nous n'oserions l'affirmer, car nous savons qu'il est l'objet des regrets de tous ; mais ce que nous pouvons assurer, c'est que lorsqu'on aime véritablement quelqu'un, on ne saurait vouloir que ce qu'il veut lui-même ; eh bien ! il voulait notre-salut à tous, le bon curé ; oui, il le voulait, et certes, s'il avait fallu l'acheter au prix de sa vie, il l'aurait fait ; oui, il l'aurait fait, les privations continuelles qu'il a su s'imposer le démontrent clairement ; ces privations de toute une vie ont pour nous plus de prix qu'un martyre de quelques heures, on trouve plus facilement un moment de courage pour supporter le martyre que la persévérance d'une longue suite d'années, malgré les défaillances de la pauvre nature, qui, à un moment ou à l'autre, trouve presque toujours moyen de prendre le dessus. Eh bien ! parce que vous seuls y êtes intéressés, resterez-vous seuls indifférents au dévouement de ce cher Pasteur et à sa voix qui vous crie : « Mes chers fidèles, mes chers enfants, que j'ai aimés plus que moi ; j'ai fait pour vous beaucoup de sacrifices, je les ai faits non-seulement une fois, deux fois, mais je les ai renouvelés tous les jours, je ne vous demande en retour qu'une récompense bien facile, je vous en supplie, accordez-la moi ; c'est de vous aimer vous-mêmes comme je vous ai aimés, pour désirer votre propre salut comme je l'ai désiré, et enfin aimer le bon Dieu et obéir à sa sainte volonté, unique moyen d'obtenir ce bonheur éternel.

Le voilà le prêtre, qui fait son métier comme un autre ! pour gagner de l'argent, lorsqu'il pourrait jouir des biens de la terre, il s'en prive volontairement ! Mais pour qui s'en prive-t-il ? ce devrait être au moins pour son intérêt ; mais non, c'est encore pour nous qu'il le fait ! Ah ! nous comprenons maintenant le sens de vos réponses ! bien-aimé père, lorsque nous vous demandions pourquoi vous viviez si pauvrement, pourquoi vous portiez des habits si misérables ? Vous nous répondiez alors qu'un petit curé de Fercé ne pouvait faire autrement. Non, vous ne pouviez faire autrement, bien-aimé pasteur, parce que vous aviez trop d'amour ! Ah ! qu'elle aurait été bien plus juste votre réponse, si vous nous aviez dit : Je suis victime de ma charité. Mais non, vous aviez trop grand'peur de vous faire connaître. Oh ! pourquoi ne nous l'avez-vous pas dit cependant, à nous vos enfants les plus chéris ? nous vous aurions encore plus aimé ! votre exemple nous eût fait aimer davantage la vertu ! ç'aurait été moins dur pour le cœur de ces enfants qui sont obligés de reconnaître aujourd'hui qu'ils ne vous connaissaient point, qu'ils ignoraient presque complétement l'abîme de charité dont vous étiez consumé.

Oh ! que vous êtes admirable, bon et simple curé, qui imitez si bien l'exemple du divin Maître ! Que nous voudrions nous faire entendre à tous ces cœurs endurcis, qui comprennent si mal la mission du prêtre ! Vous tous, imposteurs, qui vous vous efforcez de dénigrer, de jeter le ridicule sur tous ces humbles serviteurs de Dieu, pendant qu'eux s'acharnent à vouloir votre bonheur, nous vous mettons en face de ce récit en vous défiant d'en attaquer une seule partie, car nous aurions pour le confirmer le témoignage de toute une paroisse et plus ; eh bien ! mettez en présence toutes vos absurdes calomnies et nous verrons un peu si vous rougirez d'attaquer des hommes si estimables. Le voilà, le curé, qui ramasse de l'argent pour l'envoyer aux ennemis et faire piller la France ! mais pourquoi rappeler de semblables sottises ? Cependant si cette sottise-là est vieillie il s'en présente encore tous les jours de semblables qui sont crues tout comme la première. Et vous croyez que ces absurdités mériteraient qu'on s'en occupât ? oh ! non certes, elles ne le mériteraient pas si elles ne s'attaquaient aux choses les plus sacrées et les plus saintes, les ministres mêmes que le bon Dieu nous envoie.

Enfin, avant de mourir et comme pour achever son œuvre, toujours plein de l'affection particulière qu'il avait pour les enfants, le bon curé a établi encore, presque à ses seuls frais, l'Œuvre de la Sainte-Enfance dans la paroisse. C'est pour vous tous, petits enfants, la partie bien-aimée de son troupeau, le dernier souvenir du bon père que la divine Providence vient de nous enlever.

Il faut couronner cet exposé des vertus de notre digne Pasteur par celle qui en était à la vérité le couronnement, nous voulons dire l'humilité. Après avoir pratiqué la charité dans un degré si éminent il aurait pu se faire estimer de ses paroissiens et éviter par là même toutes ces absurdes calomnies qui circulaient alors et circulent encore sur le compte du clergé. Pour cela il lui aurait suffi de mettre moins d'attention à se dissimuler. Mais non, il a toujours travaillé comme doit le faire un digne ministre du bon Dieu, c'est-à-dire pour son Dieu et non pour lui-même. Il savait avoir l'approbation de son divin Maître; et pour ne pas diminuer la valeur de ses œuvres, il a pris un soin vraiment ingénieux pour rester dans l'oubli, comme le prouvent ses vertus bien remarquables et cependant restées ignorées jusqu'à sa mort. Mais c'est trop dire qu'il a pris soin, car il ne pouvait pas même se figurer que l'on pût faire attention à ce qui venait de lui. Une personne qui le connaissait intimement étant un jour allée lui faire visite, l'étonna beaucoup : « J'aurais tant désiré bien prêcher, disait le bon curé, pour attirer à Dieu toutes ces pauvres âmes qui vivent loin de Lui. — Eh bien ! c'est vrai, reprit la personne, vous n'êtes pas un orateur brillant, mais vous avez, sans vous en douter, une belle place dans l'Eglise de Dieu, vous êtes un saint curé de campagne, un modèle d'humilité. » Après un instant d'étonnement, le bon curé se mit à sourire. Serait-ce à dire que son humilité en fut offensée ? Oh ! non, car il aurait fallu prendre au sérieux, comme ils l'étaient réellement, les éloges de cette personne, ce dont il ne fut jamais capable, il s'en croyait trop indigne.

S'effaçant toujours le plus possible en présence de ses confrères, il ne parlait jamais de lui-même, ou s'il y était poussé, n'exprimait son opinion que comme celle d'un pauvre curé de campagne. Enfin son humilité ne lui permit pas même de compter sur ce que notre pauvre cœur se promet encore avec délices, lorsqu'il a perdu tout espoir de vaine renommée, c'est-à-dire sur le bon souvenir de ses paroissiens au delà du tombeau : Quelques semaines avant sa mort, visitant le cimetière de la paroisse en compagnie de l'un de ses confrères, il s'arrêta quelque temps à considérer le monument de son prédécesseur et dit avec son sourire habituel : « Voilà pourtant un beau monument en marbre; hélas ! y a-t-il longtemps qu'on ne pense plus à ce bon curé de Fercé, puis il ajouta en s'adressant à son confrère : « Moi, je ne veux point de monument, vous direz que je ne veux sur ma tombe qu'une simple petite croix en bois et lorsqu'elle sera détériorée, depuis longtemps on ne pensera plus au curé de Fercé. Le saint homme ! Pour lui le seul bonheur terrestre qu'il désirait était pour ainsi dire de ne point en avoir, et surtout de rester oublié toujours.

Vous avez pris à tâche de montrer que son souvenir ne s'effacerait pas facilement des cœurs. Nous vous en adressons nos plus sincères remerciements ; ç'a été pour notre cœur profondément affligé une consolation bien douce, de voir que pour la plupart vous aviez su estimer le saint homme que Dieu avait prêté à la paroisse. Il nous reste maintenant une seule demande à vous adresser : Vous venez de voir combien il vous a aimés, montrez aussi que vous l'aimiez, mais surtout montrez-le par vos œuvres pour mériter un jour de partager avec lui le bonheur des élus.

Nihil per contentionem, neque per inanem gloriam : sed in humilitate superiores sibi invicem arbitrantes (ad Philip. ii, 3).

Ne faites rien par un esprit de contention ou de vaine gloire, mais que chacun par humilité croie les autres au-dessus de soi.

Requiescat in pace !

Le Mans. — Imp. Leguicheux-Gallienne.